PROJET

D'UNE

DESCENTE EN ANGLETERRE,

EN L'ANNÉE 1779,

PAR M. HIPPEAU,

PROFESSEUR A LA FACULTÉ DES LETTRES, SECRÉTAIRE DE LA SOCIÉTÉ DES BEAUX-ARTS
DE CAEN,
CORRESPONDANT DU MINISTÈRE DE L'INSTRUCTION PUBLIQUE
POUR LES TRAVAUX HISTORIQUES.

Les historiens du xvııı^e siècle ont signalé avec raison, comme un glorieux symptôme de l'impulsion donnée par Louis XVI à la marine de la France, les préparatifs d'une descente en Angleterre faits par les ordres de ce prince en 1779. Une armée de quarante mille hommes échelonnés sur les côtes de Bretagne et de Normandie devait être mise à la disposition du comte d'Orvilliers, célèbre par la victoire qu'il avait remportée deux ans auparavant sur l'amiral anglais Keppel. La flotte française s'était alliée pour cette expédition à celle de l'Espagne, déterminée enfin par le cabinet de Versailles à se déclarer contre l'Angleterre. Le gouvernement anglais n'avait à opposer qu'une flotte de vingt-huit vaisseaux, commandés par l'amiral Hardy, à nos soixante-six vaisseaux de ligne et à nos trente-quatre frégates ou corvettes. Chercher la flotte anglaise, l'atteindre, l'envelopper et la détruire, puis venir prendre à Brest, à Saint-Malo, au Havre, l'armée de terre pour laquelle on avait frété trois cent soixante navires, et la transporter rapidement sur le point où devait avoir lieu le débarquement : tel était le plan, fort beau sur le papier comme tous les plans, arrêté par le ministère français. Mais d'abord le ministère avait commis une faute énorme en faisant marcher de front, pour complaire à l'Espagne, deux projets qui divisèrent bien malheureusement les flottes alliées. On avait voulu à la fois exécuter une descente en Angleterre et conquérir Gibraltar. Pour l'accomplissement de ce vaste dessein, le chef d'escadre don Barcello avait été envoyé avec ses vaisseaux dans la baie de Gibraltar pour en faire le blocus. Les autres divisions espagnoles s'étaient rendues au Ferrol pour y attendre l'armée navale de France. Le comte d'Orvilliers, parti de Brest le 3 juin, se dirigea sur l'île de Cizarga, à la hauteur de la Corogne. Les vents retardèrent longtemps cette réunion si désirée. Dès qu'elle fut effectuée, d'Orvilliers mit à la voile, le 25 juillet, et cingla vers la Manche. Il avait confié l'avant-garde au comte de Guichen et l'arrière-garde à don Cordova. Ce ne fut que le 15 août qu'il parut à l'entrée de la Manche, et le 31 août seulement qu'il rencontra la flotte anglaise.

D'après le récit officiel des manœuvres exécutées par l'armée franco-espagnole, le général français avait fait les dispositions suivantes : l'escadre *blanche et bleue* (ou l'avant-garde) avait eu ordre de virer sur bâbord par un mouvement successif et de forcer les voiles; l'escadre *bleue* (ou l'arrière-garde) avait mis en panne tribord, et l'escadre *blanche* ou corps de bataille, avait mis en panne bâbord au vent. Par cette évolution, le comte de Guichen était destiné, avec son escadre, à couper le chemin aux ennemis, en serrant les côtes d'Angleterre pour ôter à l'armée britannique la ressource de ses ports. Mais, dès que l'amiral anglais s'était aperçu que le comte de Guichen se glissait avec son escadre vers les côtes d'Angleterre, il avait fait virer précipitamment son armée et pris chasse à toutes voiles. L'escadre légère de l'armée combinée avait reçu l'ordre de chasser. On avait également fait signal au reste de l'armée de poursuivre les ennemis. Malheureusement, quoiqu'on eût poursuivi les Anglais jusqu'à l'ouverture de la baie de Plymouth, la poursuite fut vaine, « par la raison, dit toujours le « rapport officiel, qu'une armée ne gagne pas quatre ou cinq lieues « dans un seul jour sur une autre armée qui fuit à toutes voiles. » Le 1er septembre, au point du jour, on aperçut l'armée ennemie à sept ou huit lieues au vent de l'armée combinée, et dès lors, à portée d'entrer dans la baie de Plymouth, toujours observée et suivie par les frégates *la Concorde*, *la Gloire* et plusieurs autres, les vents étant alors à l'est du monde, et se refusant de plus en plus à notre poursuite. La flotte anglaise était sauvée, et les vaisseaux alliés durent quitter la Manche sans avoir obtenu d'autre résultat que celui de causer en Angleterre une alarme universelle, les Anglais s'étant crus, au rapport de leurs historiens eux-mêmes, à la veille de voir descendre sur leurs côtes un second Guillaume le Conquérant à la tête de cinquante mille Français.

Cet événement s'est effacé devant les émouvants épisodes de la guerre d'Amérique, et surtout devant le grand et terrible drame qui s'appelle la Révolution française. Il mériterait cependant d'être l'objet d'une relation spéciale et détaillée; ce ne serait pas une des pages les moins intéressantes de notre histoire maritime. On en jugera, je l'espère, par les renseignements que fournissent sur ce point, comme sur une foule d'autres, les archives d'Harcourt, si libéralement mises à ma disposition par la famille qui porte dignement ce nom illustre, ces archives précieuses, sur lesquelles j'appelais ici-même, l'année dernière, l'attention du Comité des sociétés savantes, et que, grâce à l'appui des conseils généraux de la Normandie, je suis dès ce moment en mesure de publier [1].

Les documents relatifs à l'expédition projetée ne sont pas seulement importants par les faits nouveaux qu'ils révèlent : ils offrent de plus, et c'est le point de vue sous lequel je me propose de vous en parler, Messieurs, les moyens d'apprécier les rapports qui existaient à la fin du xviiie siècle entre le gouvernement, les dépositaires du pouvoir et les différentes classes de la société.

On reconnaît aujourd'hui que ce n'est pas l'Assemblée constituante qui a donné au gouvernement central cette puissance et cette autorité qui lui étaient assurées, dès le xviie siècle, par les efforts successifs de Richelieu, et de Louis XIV, secondé par Colbert et Louvois. L'administration de la France était, avant la révolution, à peu de chose près organisée comme elle l'est aujourd'hui. Le gouvernement central décidait souverainement toutes

---

[1] Les deux premiers volumes de cette importante collection ont été publiés en 1863 ; les deux suivants paraîtront en 1864.

les questions, et devait prendre en tout l'initiative. Les chefs de service avaient à lui rendre compte des moindres détails soumis à son approbation; enfin les envahissements de ce qu'on appelait dès lors *la bureaucratie,* étaient déjà l'objet des réclamations les plus vives.

D'un autre côté, la France comptait, ce que l'on ignore trop généralement, un nombre considérable de fonctionnaires zélés, intelligents, pénétrés de l'esprit du siècle, disposés à demander une répartition équitable des charges publiques, éprouvant une sympathie réelle pour les classes laborieuses; une belle et forte organisation militaire, des officiers distingués, des marins intrépides et pleins d'une généreuse ardeur : tels étaient les éléments dont pouvait disposer le pouvoir central, offrant dès lors les inconvénients et les avantages attachés à cette forme de gouvernement. Si l'impulsion, venue d'en haut, était forte, énergique, intelligente, la nation, admirablement préparée pour faire de grandes choses, pouvait encore étonner le monde. Que le pouvoir fût faible, incertain et vacillant, ayant des intentions généreuses, mais manquant d'unité et de décision, rien de ce qui serait tenté ne pourrait réussir.

Ce fut précisément ce qui arriva. En vain Louis XVI avait apporté sur le trône les dispositions les plus louables; en vain avait-il pris la résolution de relever l'honneur du pavillon français, de donner un vaste développement à notre puissance maritime, afin d'effacer la honte du traité de 1763; ses bonnes intentions, ses vertus, estimables chez un simple particulier, insuffisantes pour un roi, demeurèrent sans effet. Il avait compris ce qu'il fallait faire; il n'eut pas la force de le faire exécuter. Le prince qui ne savait pas commander à la cour de Versailles pouvait-il avoir la main assez ferme pour diriger et gouverner un grand État comme la France?

Quant aux hommes appelés au ministère par des influences de cour plus souvent que par les droits que leur assurait un mérite reconnu, ils ne pouvaient avoir qu'une autorité proportionnée à l'idée que l'on se faisait de celle du monarque lui-même. L'activité et l'ardeur que nous ne trouvons ni chez M. de Maurepas, ni chez M. de Sartines, ni chez le prince de Montbarey, se rencontraient, à des degrés divers, chez quelques-uns de ces agents du pouvoir que j'ai déjà signalés comme surpassant en dévouement ou en lumières les ministres dont ils devaient exécuter les ordres.

Des preuves irréfragables de cette faiblesse dans les régions supérieures du pouvoir, et de cette supériorité intellectuelle chez les fonctionnaires d'un rang moins élevé, éclateront à chaque pas dans les documents relatifs à ce grand projet de descente en Angleterre, auquel il est temps de revenir.

Le général chargé du commandement de l'armée de terre était un vieux et brave militaire, le comte de Vaux, qui s'était signalé par la conquête de la Corse, achevée par lui en moins de trois années. Le duc d'Harcourt, appelé à suppléer son père, le maréchal, dans le gouvernement de Normandie, en qualité de lieutenant général (c'est celui qui a été membre de l'Académie française et gouverneur du Dauphin, fils aîné de Louis XVI), avait été d'abord placé sous les ordres du comte de Vaux; plus tard il fut mis à la tête d'une des divisions de l'armée, et commanda au Havre, tandis que le général de Vaux commandait à Saint-Malo. C'est au duc d'Harcourt que revient la part la plus considérable dans les préparatifs de l'expédition. Il y déploya une intelligence supérieure et une rare habileté administrative. Les papiers qui attestent l'importance de sa coopération sont, d'une part, les mémoires, les rapports, les actes officiels, préparant et réglant toutes les mesures relatives à l'embarquement, à la traversée et au débarquement des troupes; de l'autre, la vaste correspondance qu'il entretient à ce sujet avec les ministres, les généraux, les officiers du génie et de l'artillerie, les intendants, les différents chefs de service, les personnes enfin auxquelles il transmettait des nouvelles de l'expédition, tandis que celles-ci lui faisaient connaître ce que l'on en pensait à Paris ou à Versailles.

Ses correspondants, pour ne citer que les principaux, sont, indépendamment de MM. de Maurepas, de Montbarey et Sartines, le comte de Vaux, le duc et le vicomte de Mortemart, le duc de Liancourt, le capitaine de vaisseau de La Bretonnière, le général Dumouriez, le marquis de La Châtre, le chevalier de Buffon, le duc Du Châtelet (le fils de la célèbre marquise dont le nom est devenu inséparable de celui de Voltaire), le marquis de Lambert, le comte d'Egmont, Rochambeau et La Fayette (charmés l'un et l'autre de prendre part à une descente en Angleterre entre deux voyages en Amérique), le duc et la duchesse de Choiseul, la comtesse de Coislin, née Mailly de Nesle, une de ces femmes distinguées par la finesse, le bon sens et la grâce, comme le xviiie siècle en posséda un assez grand nombre, et dont la célèbre madame Du Deffand nous offre le type le plus accompli.

Ces lettres, imprimées à leurs dates, présenteront, je l'espère, le tableau historique le plus piquant et le plus animé. Ce ne sera pas l'histoire sous sa forme la plus savante et la plus sérieuse, sans doute, mais on peut se figurer l'intérêt qu'offriront des révélations intimes, faites par tant de personnages éminents, communiquant chaque jour, au milieu des épanchements de l'amitié, les sentiments qu'ils éprouvent, leurs espérances et leurs craintes, leurs joies et leurs déceptions, s'exprimant enfin en toute liberté sur les actes du pouvoir avec cette malice frondeuse qui est inhérente à l'esprit français.

Je choisis pour vous en donner lecture, Messieurs, quelques-unes de ces lettres parmi les deux ou trois cents qui sont dignes de l'impression; c'est leur enlever, je le sais, tout leur intérêt et tout leur charme. Mais l'inconvénient que présente un travail fragmentaire est moindre ici que partout ailleurs : de simples indications suffisent à un auditoire qui, sur les pièces qu'on lui fait connaître, devine aisément l'importance de celles que le temps ne permet pas de mettre sous ses yeux.

Une des premières lettres, dans l'ordre des dates, que je rencontre au commencement de l'année 1779, est écrite par un personnage dont l'existence mystérieuse a fait beaucoup de bruit à une certaine époque, par *le chevalier* ou *la chevalière* d'Éon, demandant à faire partie du corps expéditionnaire.

LETTRE DU CHEVALIER OU DE LA CHEVALIÈRE D'ÉON
AU MARÉCHAL D'HARCOURT.

Le 17 février 1779.

« Monseigneur,

« Je vous supplie instamment de protéger le succès de mes de-
« mandes énoncées dans la copie de ma lettre ci-jointe à M. le
« comte de Maurepas, que j'ai adressée à tous les ministres du
« Conseil du roi pour aller servir comme volontaire sur la flotte
« de M. le comte d'Orvilliers; prévoyant qu'il y aura encore moins
« de guerre sur terre cette année que la dernière.

« Vous connaissez une partie de ma vie militaire et politique; il
« il ne me reste plus qu'à combattre sur mer avec la flotte royale;
« j'espère m'en acquitter d'une façon que vous n'aurez nul regret
« de protéger la bonne volonté de *celle* qui a l'honneur d'être, avec
« un profond respect,

« Monseigneur,

« Votre dévouée servante,

« La chevalière d'Éon.

« A Versailles, le 17 février 1779. Rue de Noailles, pavillon Marsan. »

COPIE DE LA LETTRE DE LA CHEVALIÈRE D'ÉON
À MONSEIGNEUR LE COMTE DE MAUREPAS.

A Versailles, le 8 février 1779.

« Monseigneur,

« Je désirerais ne pas interrompre un instant les moments pré-
« cieux que vous consacrez au bonheur et à la gloire du roi et de
« la France; mais, animée du désir d'y contribuer moi-même dans
« ma faible position, je suis forcée de vous représenter très-hum-
« blement et très-fortement que, l'année de mon noviciat femelle
« étant entièrement révolue, il m'est impossible de passer à la pro-

« fession. La dépense est trop forte pour moi, et mon revenu est
« trop mince. Dans cet état je ne puis être utile ni au service du
« roi, ni à moi, ni à ma famille; et la vie trop sédentaire ruine
« l'élasticité de mon corps et de mon esprit. Depuis ma jeunesse
« j'ai toujours mené une vie agitée, soit dans le militaire, soit dans
« la politique; le repos me tue totalement.

« Je vous renouvelle cette année mes instances, Monseigneur,
« pour que vous me fassiez accorder par le roi la permission de
« continuer mon service militaire, et, comme il n'y a point de guerre
« de terre, d'aller, comme volontaire, sur la flotte de M. le comte
« d'Orvilliers.

« J'ai bien pu, par obéissance aux ordres du roi et de ses mi-
« nistres, rester en jupes en temps de paix, mais en temps de
« guerre cela m'est impossible. Je suis honteuse et malade de cha-
« grin de me trouver en telle posture dans un temps où je puis
« servir mon roi et ma patrie avec le zèle, le courage et l'expé-
« rience que Dieu et mon travail m'ont donnés. Je suis aussi confuse
« que désolée de manger paisiblement à Paris, pendant cette
« guerre, la pension que le feu roi a daigné m'accorder. Je suis
« toujours prête à sacrifier au service de son auguste petit-fils, et
« ma pension et ma vie.

« Aidez-moi, Monseigneur, à sortir de l'état léthargique où l'on
« m'a plongée, qui a été l'unique cause de mon mal, et qui afflige
« tous mes amis et protecteurs guerriers et politiques. Je dois en-
« core vous faire observer ici qu'il importe infiniment à la gloire
« de toute la maison de M. le comte de Guerchy de me laisser
« continuer mon service militaire; du moins c'est la façon de penser
« de toute l'armée, de toute la France, et j'ose dire de toute l'Eu-
« rope instruite. Ma conduite contraire fait le sujet des interpré-
« tations les plus fâcheuses, et donne matière à la malice des con-
« versations du public.

« J'ai toujours pensé et agi comme Achille, *je ne fais point la*
« *guerre aux morts, et je ne tue les vivants que lorsqu'ils m'attaquent*
« *les premiers.* Vous pouvez, à cet égard, prendre par écrit ma pa-
« role d'honneur sur ma conduite présente et future.

« Vos grandes occupations vous ont fait oublier qu'il y a plus

« de quinze mois que vous avez bien voulu me donner votre pa-
« role que je serais heureuse et contente quand j'aurais obéi au
« roi en reprenant mes habits de fille. J'ai obéi complétement; je
« dois espérer d'un ministre aussi grand et aussi bon que M. le
« comte de Maurepas qu'il daignera tenir sa parole ou me re-
« mettre *in statu quo*. Il ignore que c'est moi qui soutiens ma mère
« et ma sœur, et de plus mon beau-frère et trois neveux au service
« du roi; que j'ai encore à Londres une partie de mes dettes, ma
« bibliothèque entière, mes papiers et mon appartement, qui me
« coûte 24 livres de loyer par semaine; qu'après avoir servi le feu
« roi à son gré en guerre et en politique depuis ma jeunesse jus-
« qu'à sa mort, je ne suis pas encore en état de meubler ma
« maison paternelle en Bourgogne pour l'aller habiter.

« M. le comte de Maurepas doit sentir que mon obéissance si-
« lencieuse doit avoir un grand mérite à ses yeux, que dans ma
« position femelle je suis dans la misère avec les bienfaits du feu
« roi, qui suffisaient pour un capitaine de dragons, mais qui sont
« insuffisants pour l'état qu'on m'a forcé de prendre. Il doit sur-
« tout comprendre que le plus sot des rôles à jouer est celui de
« pucelle à la cour, tandis que je puis jouer encore celui de lion
« à l'armée. Je suis revenue en France sous vos auspices, Monsei-
« gneur; ainsi je recommande avec confiance mon sort présent et
« à venir à votre généreuse protection, et je serai toute ma vie avec
« la plus respectueuse reconnaissance, votre dévouée servante,

« *Signé* la chevalière d'Éon.

« Rue de Noailles. »

Le style de cette lettre atteste mieux que le certificat rédigé
plus tard par le médecin qui assista aux derniers instants ce sin-
gulier personnage, qu'il avait le droit de signer *le chevalier d'Éon*[1].

A son exemple, un grand nombre d'officiers écrivent au duc
d'Harcourt pour lui témoigner l'extrême désir qu'ils éprouvent
d'aller se ranger sous ses ordres.

---

[1] On trouve des détails piquants sur le chevalier d'Éon dans les *Mémoires de madame Campan*, t. 1, ch. VIII, p. 190, éd. Beaudoin, 1823.

L'expédition est résolue, et cependant, si nous nous en rapportons à la lettre suivante de la comtesse de Coislin, le gouvernement en fait encore un mystère.

LA COMTESSE DE COISLIN AU DUC D'HARCOURT [1].

Paris, 3 juin 1779.

« On ne se doute pas ici de ces apprêts dont je n'ai connaissance
« que par vous et M. de Basclais, et, si les ministres en veulent faire
« un mystère, ils sont servis éminemment. J'en parlais l'autre jour
« à mon beau-frère [2], il est vrai que c'était devant du monde; il
« éluda et je ne poussai pas. Je croirais assez à une descente en
« Irlande. On dit qu'elle a du penchant à la révolte, et peut-être
« allons-nous revoir le prétendant sur la scène. Tout ici paraît
« calme et sans projets. Les ministres ne paraissent pas se consa-
« crer aux grandes occupations; les officiers généraux attendent
« leur sort, et je suis, par rapport à vous, comme un officier gé-
« néral. »

Mais voici une lettre adressée au duc d'Harcourt par un de ses meilleurs amis, le comte d'Egmont, qui paraît être suffisamment renseigné sur les intentions du ministère. Les mesures prises pour la direction de ce grand projet de descente sont loin d'obtenir son approbation.

Paris, ce 8 juin 1779.

« Nous savons M. d'Orvilliers sorti du 3 avec vingt-huit vais-
« seaux, devant être joint par deux venant de Toulon. On dit la
« déclaration de l'Espagne sûre, et qu'elle va joindre dix-huit vais-
« seaux à M. d'Orvilliers. Mais la cour n'en convient pas encore;

---

[1] Madame de Coislin, née Mailly de Nesle. La correspondance de cette femme distinguée, de 1779 à 1784, avec le duc d'Harcourt, est assez volumineuse. On y trouve des faits extrêmement intéressants sur la société du temps. Les lettres que nous produisons ici donnent une idée des diverses opinions qui circulaient à la cour de Versailles sur l'expédition contre l'Angleterre.

[2] Le prince de Montbarey, ministre de la guerre.

« elle ne convient pas non plus de la liste des officiers généraux
« employés, que l'on dit cependant sûre. M. de Vaux, vous, MM. de
« Langeron et de Chabot, lieutenants généraux; MM. de Rocham-
« beau, d'Aussonville, de Langeron, de Melfort, de Wall et de
« Caraman, maréchaux de camp; M. de Jaucourt, maréchal des
« logis; M. de Puységur, major général. Une partie du public vous
« envoie tous avec vingt-cinq mille hommes en Irlande; d'autres
« disent que vous n'irez nulle part. C'est l'avis du plus grand
« nombre, c'était le mien jusqu'à la nomination de MM. de Jau-
« court et Puységur, qui me fait croire que M. le prince de Condé
« ou Maillebois sont derrière. Malgré cela, je crois que vous ne
« ferez rien, à moins de grandes sottises de la part des Anglais. »

Il ne faut plus douter cependant de l'expédition. Elle est devenue l'objet de toutes les conservations, à Paris, à Versailles, dans tout le reste de la France.

LA COMTESSE DE COISLIN AU DUC D'HARCOURT.

Paris, le 17 juin 1779.

« Ceci prend tout l'air du sérieux : augmentation de troupes et
« d'officiers généraux, préparatifs de tout genre, même de siége,
« puisqu'on embarque beaucoup d'artillerie. On n'y comprend
« encore rien, et le public, en croyant au projet d'une descente
« en Angleterre, trouve que c'est trop peu de trente mille hommes,
« et que c'est trop de ces ustensiles de siége pour un pays où il ne
« peut pas y en avoir à faire. Je meurs de peur qu'on ne projette
« le siége de Guernesey. On dit qu'il serait périlleux, et cette con-
« quête ne vaudrait pas ce qu'elle pourrait coûter. Voilà une aug-
« mentation de troupes, voilà MM. Du Châtelet, de Durfort, d'Ayen,
« qui n'en devaient pas être. Les têtes vont se monter, tout le
« monde voudra être employé. Le désordre s'ensuivra; les mi-
« nistres perdront la mesure; M. de Vaux ne fera point face à toutes
« ces causes secondes, et j'espère que nous ne sommes pas (vu
« l'état des choses et des personnes) en mesure d'accomplir un
« projet, si bien qu'il pût être.

« Le roi a écrit à M. de Vaux une lettre qui commence par ces
« termes : *Je vous ai choisi moi-même, etc. — Je veux que vous
« nommiez vos officiers généraux.....* La liste en était faite depuis
« huit jours, et ledit de Vaux l'a reçue des mains de mon beau-
« frère. Au reste, il part le 28 pour se rendre à Rouen, où, je
« crois, il éprouvera bien des vicissitudes avant d'être embarqué.
« J'ai le bonheur de ne point croire à cette affaire. On dit l'arran-
« gement des flottes déterminé. Il y aura alternativement un vais-
« seau français et un espagnol. Tout cela doit détruire la flotte
« anglaise et laisser le chemin libre à l'armée. Dites-moi donc ce
« que vous prévoyez, car, à travers mes espérances, je me sens
« des craintes très-vives.

....

« Depuis ma lettre commencée je viens d'entendre une longue
« discussion sur l'embarquement, dans laquelle il a été à peu près
« prouvé qu'il faut près de trois mille voiles pour transporter cin-
« quante mille hommes avec tout ce qui s'ensuit. S'il en est ainsi,
« comment regarde-t-on comme possible de faire une descente? Ce
« détail m'a fait plaisir. »

Le général Dumouriez, appelé l'année précédente au commandement de Cherbourg, n'avait pas été moins empressé que les
autres officiers à demander à être associé à une entreprise dont il
pouvait se considérer comme un des premiers auteurs. Il ne serait
pas fâché que l'on rappelât au ministère cette circonstance, que
l'on semble avoir tout à fait oubliée.

« S'il est question de l'île de Wight, écrit-il le 19 juin au duc
« d'Harcourt, et que vous puissiez faire savoir à M. le comte de
« Vaux que *c'est moi qui en ai donné le premier projet*, je connais
« assez la délicatesse et l'intégrité de ce général pour ne pas
« douter qu'il ne demande lui-même que je sois employé. J'ai
« servi sous lui en Corse; il m'a toujours traité avec bonté, estime
« et confiance. »

Il écrit dans une autre lettre, en date du 2 juillet, adressée au
marquis d'Héricy :

« Je viens de recevoir une lettre de M. de Sartines (du 27 juin),

« la voici : *Ainsi que je vous l'ai promis, Monsieur, j'ai parlé à M. le*
« *prince de Montbarey du désir que vous auriez d'être de l'expédition.*
« *Il approuverait que vous y fussiez employé, mais il pense que cela*
« *n'est plus possible à présent. Au reste il m'a dit que vous deviez vous*
« *adresser à M. le comte de Vaux, qui vous manderait positivement sur*
« *quoi vous pourriez compter à cet égard.*

« Il est plaisant que le ministre approuve, qu'il ne décide pas,
« et qu'il renvoie au comte de Vaux pour la décision. Ce que je
« vois par là, c'est qu'il est question de *mon expédition*, que M. de
« Sartines désirerait que j'en fusse, et que le prince ne sait que
« répondre.

« J'envoie la lettre originale à M. le duc d'Harcourt pour faire
« décider la chose au comte de Vaux. »

Cependant les grands politiques de Versailles exposent librement leurs conjectures sur une expédition militaire dont ils ne conçoivent pas clairement la portée et le but.

LA COMTESSE DE COISLIN AU DUC D'HARCOURT.

Paris, 9 juillet 1779.

« Cette opération me met dans un état violent : personne n'en
« peut calculer l'objet; personne ne veut la croire réelle; moi-
« même je n'y crois pas; et cependant comment douter que des
« préparatifs si suivis et si dispendieux ne sont pas faits que pour
« parler à l'esprit et ont un objet déterminé? Dans ce dernier cas,
« comment tout ce qu'il y a de généraux désignés pour être em-
« ployés dès que le militaire sera mis en action sont-ils traités
« comme des femmes? Comment le ministère prend-il sur lui de
« hasarder une opération aussi importante qu'elle est incertaine,
« et d'en exclure tout ce qui paraissait y devoir être employé? car,
« excepté vous, en qui mettre confiance dans cette affaire? Per-
« sonne ne conteste à M. de Vaux les talents militaires; mais son
« âge et ses infirmités le rendent-ils propre à cette expédition? Les
« Lugeac, les Langeron, etc. devaient-ils avoir préférence exclusive
« sur MM. de Stainville, de Castries, de Lückner, etc. ? Dans cette

« combinaison, mon beau-frère part pour se rendre au Havre et à
« Saint-Malo. Qu'y va-t-il faire? Je l'ignore. Que fait M. d'Orvilliers?
« L'armée dépend-elle ou non de ses succès? Il semble qu'on n'en
« veut pas attendre l'événement. Beaucoup de gens croient que
« vous allez en Irlande. Mais je crains que tout cela ne finisse par
« attaquer Jersey et Guernesey et par vous y faire écharper. Je
« commence à prendre une inquiétude profonde pour vous et les
« miens. Je voudrais

« Voir le dernier vaisseau à son dernier agrès!

« et que chacun eût la faculté de rester chez soi. Si M. de Vaux est
« à Saint-Malo, vous allez jouer un grand rôle dans cette affaire.
« Je n'ai pas besoin de vous recommander mes parents; mais je
« vous recommande d'avoir soin de vous-même.

« On débite que M. d'Estaing a pris quatre ou cinq vaisseaux à
« M. Byron. — Beaucoup de gens sensés croient que ce projet d'em-
« barquement a un objet infiniment grand et sage. Il paraît qu'aucun
« ministre n'y porte obstacle, ce qui m'en fait prendre bonne opi-
« nion, car M. de Vergennes est un homme sage et M. Necker est
« trop instruit pour fournir tant d'argent sans représentations, s'il
« le croyait mal employé. Mais, encore une fois, dépendons-nous
« des succès de la mer? C'était le dire de M. de Maurepas dans les
« premiers moments. Je ne sais s'il a changé de version. »

Voici maintenant l'homme pratique, l'officier intelligent et sa-
gace qui va se prononcer sur un armement qu'il considère comme
devant être sans objet.

M. DUMOURIEZ À M. LE DUC D'HARCOURT.

Paris, le 21 juillet 1779.

« Monsieur le duc,

« Je me suis entretenu tous les jours de vos bontés avec le mar-
« quis de Lambert, en m'employant à le soulager de la partie *écri-*
« *turière* de ses travaux; ils ont été plus difficiles ici qu'au Havre,
« parce que la tête du commissaire ordonnateur de la marine ici

« n'est pas aussi bien casée que celle de M. Mistral. Il avait dit
« en gros, *il me faut trente et un mille tonneaux;* il avait complété
« son poids, et il croyait que tout était fait. Voilà où cela en était
« le 13 quand je suis arrivé. Le marquis de Lambert y a mis toute
« sa vivacité avec infiniment de patience, et tout est fait. Nous se-
« rons prêts, dit-on, pour le 25, oui pour la partie de Saint-Malo ;
« mais il nous reste en arrière quatre-vingts chevaux et toute l'in-
« fanterie de Lauzun, celle de Nassau et quatre cents bœufs, parce
« que dix-sept vaisseaux de Granville, bloqués hermétiquement,
« nous manquent.

« Si nous nous rejoignons, Monsieur le duc, ce sera à Cher-
« bourg, où on fera le mélange des divisions. Mais calculons, et
« vous verrez que tout est dit. Nos bâtiments seront prêts du 25
« au 26, mettons le 30; nous avons des régiments à Rennes; le
« rassemblement de l'armée, son embarquement prendront cinq à
« six jours, voilà la marée passée; point de nouvelles de M. d'Or-
« villiers, la lenteur espagnole achèvera de tout perdre; savoir
« même s'il entre dans les idées de cette nation de faire la guerre
« dans la Manche, qu'elle ne connaît pas. Y entrera-t-elle? Osera-t-on
« l'y engager dans l'équinoxe? En viendra-t-on à bout? Nos officiers
« de marine eux-mêmes sont-ils bien pressés de s'y engager à l'ar-
« rivée de l'arrière-saison? Vous connaissez sur cela leur profession
« de foi. Je prévois de ceci des suites funestes; nous montrerons le
« tuff; les Anglais, déjà presque revenus de leur étonnement, cal-
« culeront avec certitude le peu qu'ils ont à craindre d'une réunion
« de forces mal ameutées, du peu de volonté, de la longueur qui
« suivent naturellement une combinaison incertaine, trop tardive
« et aussi peu naturelle. Les deux nations combinées, qui ne s'ai-
« ment ni ne s'estiment, achèveront le mal par leur mécontente-
« ment et leurs accusations mutuelles. Je ne vous parle pas du vice
« intérieur de notre machine; vous la connaissez mieux que moi ;
« je suis un trop petit combattant pour me permettre des réflexions
« à cet égard; cette lettre-ci serait même déjà trop libre si elle
« n'était pas pour vous tout seul.

« D'après tout ceci, je calcule que c'est au retour de Bretagne,
« *par terre,* que j'aurai l'honneur de vous faire ma cour. J'aurais

« fort désiré que l'on n'eût pas ébruité l'attaque de l'île de Wight;
« qu'on eût arrangé une grande expédition sur l'Irlande; qu'elle
« eût été effective, et qu'une escadre de huit ou dix vaisseaux sta-
« tionnée à Cherbourg, que j'offrais de mettre en état de servir de
« refuge par des batteries flottantes, des chaloupes canonnières et
« la batterie de sacs de l'île Pelée; que cette escadre, dis-je, eût
« été chargée de mener dans l'île de Wight l'armement du Havre.
« Je crois qu'il n'est plus temps. Nous avons tout dit aux Anglais.
« J'entends faire autour de moi tous les calculs de la peur, et,
« sans la partager, je fais ceux de la prudence. Notre indiscrétion
« et le décousu de nos plans laissent peu de ressources; à moins
« que le sud-ouest ne dure toute la lune, qu'il ne ramène comme
« par miracle M. d'Orvilliers et les Espagnols, et que cette appa-
« rition soit pour nous un nouveau coup d'électricité, notre para-
« lysie sera incurable. C'est le plus grand dommage; car si nous
« avons manqué cette campagne-ci avec trente mille hommes, il
« faut ouvrir la prochaine avec soixante mille : c'est le double de
« dépense, et il n'y a plus de proportion.

« C'est trop faire le rôle de Cassandre; mais vous avez la bonté
« et la patience de me lire. Ma lettre porte la teinte lugubre de
« notre quartier général. Le marquis de Lambert se porte à mer-
« veille; il vous rendra compte de mon attachement pour vous, il
« en sera le garant. La noblesse et la chaleur avec lesquelles vous
« m'avez servi y ajoutent la reconnaissance. C'est avec tous ces
« sentiments réunis et pour la vie que j'ai l'honneur d'être,

« Monsieur le duc,

« Votre très-humble et très-obéissant serviteur.

« DUMOURIEZ. »

Les conditions dans lesquelles se prépare l'embarquement
causent une émotion attestée par une lettre de la comtesse de
Brionne, adressée au commandant de la division du Havre :

LA COMTESSE DE BRIONNE AU DUC D'HARCOURT.

Chanteloup, le 11 août 1779.

« Eh bien! voilà donc possible et, qui pis est, vraisemblable ce

« maudit embarquement! Je suis saisie d'effroi. Mon fils va parta-
« ger vos destins; il est aide de camp de M. de Vaux. Son ardeur
« a vaincu tous les obstacles. Je ne me dissimule pas que, si le
« premier embarquement a lieu, M. de Lambesc, avec son régi-
« ment, suivra bientôt son frère. Voilà donc mon fils, bientôt mes
« fils, mes amis, à travers des hasards qui me font trembler! Vous
« me dites que vous avez mes couleurs. Hélas! je souhaite qu'elles
« vous portent bonheur! Non, personne n'en souhaite pour vous
« plus que moi. Je n'oublierai jamais les sentiments constants que
« vous m'avez marqués. Il m'est doux de croire que ceux que j'ai
« pour vous ne cesseront pas de vous intéresser. Ne perdez aucune
« occasion, je vous conjure, Monsieur le duc, de m'écrire. Je
« charge M. de Vaudémont de s'informer avec soin de vos inten-
« tions, et vous prie de croire que vous ferez pour lui tout ce que
« votre amitié pour moi pourra vous inspirer. »

Le grand ministre qui, dans son glorieux exil de Chanteloup, considère avec calme et juge avec sang-froid les événements auxquels il ne peut plus prendre une part active, n'a pas de peine à signaler et à montrer du doigt au duc d'Harcourt le vice capital de l'expédition qui préoccupe tous les esprits :

LE DUC DE CHOISEUL AU DUC D'HARCOURT.

Chanteloup, le 21 août 1779.

« Tout ce que vous me mandez, Monsieur le duc, confirme
« l'opinion que je m'étais formée, et conséquemment ne me ras-
« sure pas. Je n'aime point à voir ce qui m'intéresse à travers les
« hasards. Vous y porterez esprit, intelligence, volonté; mais il
« me semble que le gouvernement fait une faute en se cachant
« des principaux agents. Il ne faut pas les employer, ou il faut se
« concerter avec eux. Il en résulte une défiance qui devient géné-
« rale. On aperçoit des variations dans les projets, et l'incertitude où
« l'on reste donne de l'humeur et jette dans le dégoût. Ne soyez
« point inquiet de la confiance que vous m'avez marquée : votre
« lettre est brûlée. Si vous trouviez d'autres occasions de me man-

« der la suite de ces tristes vérités, soyez sûr de la même discrétion
« et du même intérêt. Pensez-vous, si cette armée forme un corps
« de soixante mille hommes au moyen de la réunion des troupes
« de Brest, qu'on ne vous envoie pas un autre général? Bien des
« gens pensent qu'on ne pourra finir autrement. La légèreté et le
« peu de capacité de nos ministres, l'entêtement de l'ambassadeur
« (d'Espagne), voilà nos vrais ennemis. Adieu, ayez toujours de
« l'amitié pour moi; celle qui m'attache à vous est tendrement
« vraie et éprouvée : elle ne changera pas.

« D. DE CHOISEUL. »

Enfin l'inhabileté et l'insuffisance du ministère, qui a décidé une expédition sans en assurer les moyens ou en prévoir les suites, sont caractérisées de main de maître par le duc Du Châtelet.

M. LE DUC DU CHÂTELET À M. LE DUC D'HARCOURT.

A Honfleur, le 28 août 1779.

« Le ministère est décidé à risquer, et j'ose dire à risquer beau-
« coup par une expédition; mais il en a pris l'engagement et il
« n'ose pas reculer vis-à-vis de l'Espagne. Il a donc subordonné le
« théâtre et le choix de l'expédition à la possibilité où se trouvera
« M. d'Orvilliers de mettre en sûreté les troupes sur l'un ou l'autre
« point, et à virer à l'ouest si c'est à Plymouth, ou à l'est si c'est à
« Portsmouth. Si la position de l'armée anglaise met M. d'Orvilliers
« en état d'activer le passage du corps de Saint-Malo à Plymouth ou
« vers Falmouth, M. de Vaux partira et nous irons le joindre le
« plus tôt qu'il sera possible. Si les circonstances mettent M. d'Or-
« villiers, en longeant la côte d'Angleterre, en état de pousser
« M. Hardy, de le remorquer dans Portsmouth, ou ce qui serait
« encore mieux à l'embouchure de la Tamise, alors on vous ferait
« reprendre le projet de l'île de Wight, et, tandis que Saint-Malo
« voyagerait pour venir dans cette partie, vous feriez avec vingt
« bataillons ce que vous étiez destiné à faire avec douze à treize
« cents recrues. On vous a laissés. N'omettons donc rien de ce qu'il

« vous faut pour agir sans lui. La cour, qui a varié de projet et
« qui n'a voulu rien décider, ce qui convenait fort à l'ignorance et
« à l'indécision de nos ministres, a voulu jouer sur deux cordes et
« a laissé à M. d'Orvilliers à décider laquelle il fallait mettre la
« première en branle.

« Ce sera donc d'après ses opérations et d'après son jugement
« que l'une ou l'autre partie opérera, et je ne connais, entre nous,
« rien de plus fort et de plus absurde. Mais nous en verrons bien
« d'autres, quoique nous en'ayons vu pas mal déjà! Notre sort est
« donc comme vous voyez entre les mains de M. d'Orvilliers. Nos
« ministres ont fait comme les gens faibles, qui ne savent jamais
« désirer les choses qu'à demi au moment de l'exécution, et qui
« sont charmés de ne donner que des ordres conditionnels et em-
« brouillés. Ils se sont enfournés de toutes parts avec l'Espagne,
« sans savoir comment ils en sortiraient; ils ont cru que les évé-
« nements les tireraient d'affaire, et ils se trouvent enfin au pied
« d'un mur qu'ils laissent à M. d'Orvilliers le soin de franchir. Il
« faut leur faire mettre les points sur les i. Je vous jure qu'ils sont
« encore plus empêtrés que nous ne le serons, car ils tiennent la
« queue de la poêle. Il est vrai qu'ils ne courent pas le risque d'y
« être frits. »

LA COMTESSE DE COISLIN À M. LE DUC D'HARCOURT.

A Nesle, le 5 novembre 1779.

. . . .

« A quand votre retour? Peut-on y croire, et comment se fait-il
« que vous n'en voyiez pas encore l'époque? car la cour ne peut ni
« opérer, ni croire qu'on puisse le craindre. Cette queue de re-
« présentation doit vous être de la plus parfaite importunité.
« Quant à la circonstance manquée, je ne la regrette point pour
« vous. 1° Je n'ai jamais pu vous souhaiter un danger; ces senti-
« ments contre nature sont restés sous les ruines de l'empire ro-
« main; 2° s'il avait fallu passer en Angleterre, les habiles de Ver-
« sailles auraient plutôt fait commander l'armée à M. le comte
« d'Artois et au prince d'Hénin, que souffrir qu'elle leur échappât.

« Et ce qui m'a fait le plus douter de cette expédition a été de la
« voir confiée à des gens honnêtes. Croyez que tout cela n'a été
« qu'une frime un peu honteuse pour la nation et un peu chère
« pour les individus. A l'année prochaine, et nous verrons du
« beau ! Quoi qu'il en soit, votre bon esprit doit sentir la vanité de
« ce genre d'ambition, les dangers qui y sont attachés, l'impossibi-
« lité d'en retirer son enjeu. Vous avez appris que les rois sont
« ingrats, les hommes injustes et que l'activité des ambitieux ne
« repose jamais. D'après cela le meilleur état, le plus désirable, est
« de vivre paisible et triste. Vous avez beau dire que je suis logée
« dans l'abstrait métaphysique, je n'ai rien exagéré. Je vois seule-
« ment les choses comme elles sont, et j'estime que la prétention
« d'être heureux et content ressemble beaucoup à celle d'avoir le
« quine à la loterie de M. Necker. Les gens sages n'en ont pas la
« prétention. Venez végéter au coin de mon feu, me rendre au
« plaisir de cultiver votre amitié, prendre la Butte pour objet de
« votre promenade et me consoler de la plus fâcheuse absence.
« Adieu. »

M. LE DUC DU CHÂTELET À M. LE DUC D'HARCOURT.

Au Vaudreuil, le 29 septembre 1779.

« Il était bien juste, Monsieur le duc, que l'on vous accordât la
« même satisfaction que vous nous avez procurée; le terme que
« l'on vous a fixé me paraît bien court; mais j'imagine que vous
« n'aurez pas eu la duperie de ne pas l'allonger jusqu'au moment
« où votre présence sera nécessaire au Havre. Je doute qu'elle le
« soit jamais pour y faire embarquer les troupes, et je crois depuis
« longtemps que vous nous conduirez en Bretagne. Ce que vous
« me mandez que M. Du Chaffaut a proposé d'embarquer seize
« mille hommes de troupes sur les vaisseaux mettra la cour fort à
« son aise. Vous avez très-bien fait d'écrire votre façon de penser à
« M. de Maurepas. Si quelque chose peut l'empêcher de se préci-
« piter dans l'abîme où l'ambassadeur d'Espagne le pousse à force
« de déraison, d'emportement et de force de caractère, ce sont les
« réflexions d'un homme sage comme vous. Je me le suis interdit

« depuis longtemps avec lui, parce qu'il m'a paru qu'il n'était pas
« trop aise d'entendre la vérité par ma bouche, soit parce qu'il me
« suppose un peu plus instruit qu'un autre, soit parce qu'il me
« regarde comme d'une boutique qui lui est suspecte, comme si,
« dans ma position, je pouvais avoir d'autre vue que celle du bien
« du service et de la gloire, et des avantages de la chose publique !

« Ce n'est point en Irlande qu'on veut aller soyez-en sûr. C'est
« à Falmouth, je le sais depuis longtemps. On croit pouvoir insul-
« ter ce port, que l'on croit plus grand qu'il n'est, et pouvoir établir
« des quartiers d'hiver dans le pays de Cornouailles et y faire ar-
« river d'ici à ce printemps toutes les forces du royaume; enfin,
« faire l'année prochaine la guerre en Angleterre comme en
« Allemagne, et on aura raison de dire comme en Allemagne, puis-
« que, si cela arrive, nous aurons à y combattre le même chef et
« la même armée, c'est-à-dire tous les Hanovriens, les Hessois, les
« Brunswickois et même probablement les Hollandais; tout cela
« plus sûrement que nos quatre-vingt mille hommes. Le quart de
« notre armée aura passé l'hiver dans les montagnes de Cor-
« nouailles. Je ne sais pas où nous prendrons quatre-vingt mille
« hommes. Tout cela n'a pas le sens commun. Mais, de vous à moi,
« je suis sûr que c'est le rêve de l'ambassadeur d'Espagne et qu'il
« est adopté par nos ministres. Tout cela cependant n'arrivera pas,
« parce que, avant tout, il y aura un combat naval qui ne sera pas
« assez décisif pour que notre armée puisse tenir la mer. »

Le duc Du Châtelet était bien informé. Voici, en effet, l'instruction envoyée au comte de Vaux, le 6 août 1779, par le prince
de Montbarey. Une copie en fut adressée au duc d'Harcourt, avec
ordre de ne l'ouvrir qu'en mer.

« L'intention de Sa Majesté est que M. le comte de Vaux, dès
« que les succès des armes navales combinées auront rendu le ca-
« nal de la Manche libre, et que les troupes qui doivent s'embar-
« quer à Saint-Malo et au Havre pourront sortir de ces ports, les
« fasse embarquer pour opérer selon le nouveau plan adopté par
« Sa Majesté.

« Au lieu de se porter dans les lieux ordonnés par la première
« instruction, M. le comte de Vaux, de concert avec M. le comte
« d'Orvilliers, se portera à la côte de Cornouailles, et cherchera à
« débarquer au port de Falmouth, dont les plans et les renseigne-
« ments sont ci-joints; il choisira pour le lieu de son débarque-
« ment, ou le port de Falmouth, qui n'est défendu que par deux
« vieux châteaux, ou la rade d'Helfort, qui est à deux lieues et qui
« est ouverte.

« L'on n'a rien à prescrire à M. le comte de Vaux sur la forme et
« le lieu de son débarquement, il suffit qu'il connaisse les inten-
« tions du roi.

« Sa Majesté désire que l'armée française s'occupe essentielle-
« ment de la conquête de la province de Cornouailles, et que, dès
« que le débarquement aura eu lieu aux endroits indiqués, M. le
« comte de Vaux, après les précautions militaires prises pour assu-
« rer le lieu du débarquement, cherche à former un premier éta-
« blissement dans le pays afin d'y faire un poste capable de servir
« de dépôt à toute son artillerie et ses munitions.

« D'après les connaissances qu'on a du pays, l'on croit pouvoir
« indiquer le bourg de *Bodmin* ou environs pour le lieu de ce pre-
« mier dépôt, qui doit être mis à l'abri de toute insulte. Bodmin
« paraît propre à remplir l'objet indiqué, parce que l'ouvert du
« pays, dans cette partie, ne présente pas plus de deux lieues,
« que la rivière de *Fowey,* qui verse à la Manche, pourrait en pro-
« téger la droite, et celle de *Allen,* qui verse au canal de Saint-
« George, à Padstow, couvrirait la gauche. Cette indication ne doit
« servir que de renseignement. Le roi laisse M. le comte de Vaux
« le maître du choix du poste qui pourra remplir le mieux les vues
« de Sa Majesté et opérer la sûreté de ses troupes.

« On croit que Bodmin est à quatre lieues de Falmouth; ce pre-
« mier établissement choisi, et pendant que le général y fera tra-
« vailler, l'intention du roi est qu'après avoir pourvu à la défense
« de ce poste, l'armée française s'avance sur la *Tamer,* rivière qui
« traverse tout le pays, et qui sépare la province de Cornouailles
« de celle de Devon ; cette rivière tombe dans le dock de Plymouth
« et de là dans la Manche.

« Sa Majesté désire que M. le comte de Vaux prenne une posi-
« tion sur la Tamer, susceptible d'assurer la conquête de la province
« de Cornouailles, et même de faire de cette rivière la tête de ses
« quartiers d'hiver, en rendant la position la plus redoutable pos-
« sible.

« Le Roi s'en remet pour cet objet à M. le comte de Vaux. La dis-
« tance du canal de la Manche n'est que de dix lieues dans cette
« partie.

« La volonté du Roi est de conserver le pays conquis jusqu'à la
« campagne prochaine. Le nombre et la qualité des troupes qui
« pourront être à Plymouth ou environs décideront le général sur
« ce qu'il tentera contre cette place importante, et dont l'occupa-
« tion deviendrait du plus grand intérêt pour le roi.

« Sa Majesté indiquant au général le désir qu'elle a que son ar-
« mée hiverne sur la Tamer, le laisse le maître de tenter sur la
« province de Devon toutes les entreprises qu'il jugera possibles et
« profitables, s'en remettant à sa prudence de ne pas compromettre
« la première province conquise.

« Si la position de l'armée navale anglaise dans la Manche for-
« çait à différer le départ des troupes embarquées au Havre, le
« Roi permet que le commencement de cette opération soit exécuté
« par les troupes embarquées à Saint-Malo, et en ce cas il autorise
« M. le comte de Vaux à s'y transporter et à laisser le commande-
« ment des troupes du Havre à M. le duc d'Harcourt, qui profite-
« rait du premier moment favorable, pour joindre l'armée, qui se
« serait portée à Falmouth.

« Comme l'on fait passer à M. le comte de Vaux les plans et les
« renseignements relatifs aux intentions du roi, Sa Majesté remet
« à sa prudence l'examen des moyens d'exécuter ses projets, elle
« recevra avec plaisir les réflexions que ce général croira devoir
« faire.

« L'objet du roi est que ses troupes se rendent maîtresses de la
« province de Cornouailles, s'y soutiennent pendant l'hiver, et tous
« les moyens de secours et d'approvisionnements en tous genres
« seront préparés pour l'avantage de l'armée française débarquée
« en Angleterre.

« La seule inspection de la carte fera connaître à M. le comte
« de Vaux de quelle importance sera la conquête de cette pro-
« vince, tant pour le moment actuel que pour l'ouverture de la
« campagne prochaine. »

« Pour copie de l'instruction approuvée et ordonnée par le Roi,
« le 6 août 1779, à moi envoyée par M. le prince de Montbarey,
« avec ordre que le paquet qui la contiendra ne soit décacheté qu'à
« la mer quand le convoi du Havre y sera.

« Vaux. »

Chose digne de remarque! Nous avons ici le spectacle singu-
lier d'un pays supérieur en activité, en intelligence, en énergie
aux chefs qui l'administrent. La décision chez les généraux et les
officiers de marine, la faiblesse et l'inconstance dans le pouvoir.
Les études sérieuses, la connaissance des lieux, les informations
précises sont le partage des agents secondaires du gouvernement.
Ce sont eux qui proposent et qui en général proposent admirablement; mais, par malheur, c'est le pouvoir qui dispose et qui, il
faut bien l'avouer, dispose presque toujours mal. Ce que pouvaient
accomplir des fonctionnaires obligés de tout prévoir et de pourvoir
à tout se faisait avec un zèle, un courage, une prudence que l'on
souffre de ne point trouver chez les ministres directeurs. C'est, par
les agents qu'il envoie lui-même en Angleterre, que le duc d'Harcourt recueille sur les forces du pays ennemi les renseignements
qui lui sont nécessaires; c'est par eux qu'il sait le compte des vaisseaux appartenant à la France, à l'Angleterre et à l'Espagne, dans
les différentes parties du monde. D'habiles ingénieurs lui ont envoyé les cartes exactes des parties du territoire qui pourront être
attaquées. C'est de lui qu'émanent les instructions les plus détail-
lées, les plus minutieuses même, pour préparer l'embarquement
des troupes, faire arriver les munitions et les approvisionnements,
régler la marche des convois, assurer l'ordre et la discipline.

Un des documents les plus curieux est le mémoire dans lequel
il expose quelle devra être la conduite de l'armée française lorsqu'elle sera devenue maîtresse du pays ennemi. C'est un détail
qui honore trop le caractère français pour qu'il ne trouve pas ici

sa place. Voici quelques-unes des dispositions prescrites par le duc d'Harcourt :

OBSERVATIONS SUR L'ADMINISTRATION DE L'ANGLETERRE,
RELATIVEMENT
AUX CONTRIBUTIONS, AUX FOURNITURES DES TROUPES ET À L'ARGENT.

« La gloire et l'intérêt de la nation demandent également que la
« discipline la plus exacte soit observée dans l'expédition projetée,
« parce que la France en sera plus respectée, et les troupes mieux
« fournies et mieux conservées.

« L'ordre et la règle sont les deux seuls moyens de réparer ce
« que l'effroi du premier moment, les ordres du gouvernement, la
« haine même de la nation anglaise, pourraient occasionner d'in-
« convénients à l'armée française.

« En rendant notoire au pays la noblesse avec laquelle le Roi
« ordonne que son armée se conduise, en ramenant la sûreté dans
« les esprits, on rapprochera l'abondance. L'Anglais est haut dans
« la prospérité, bas dans l'adversité; son caractère et son habitude
« de liberté l'éloignent des fournitures par corvées; mais il a une
« obéissance très-passive aux ordres des juges de paix, des maires,
« de tous les préposés au recouvrement des deniers royaux, etc.
« C'est à eux à commander au peuple les chevaux, voitures, et
« l'argent leur commandera plus impérieusement encore la vente
« de leurs denrées, parce que l'intérêt est avant tout dans cette
« nation.

« Pour l'établissement des contributions comme pour les four-
« nitures en nature, corvées d'hommes et de chevaux, on devra
« s'adresser aux maires pour les villes, aux juges de paix pour
« les bourgs, à moins que l'on ne puisse conquérir un comté en-
« tier; alors on requerrait la capitale de nommer un commissaire,
« mais cette fonction est absolument inconnue.

« Comme la difficulté de payer en monnaie sera certainement
« très-grande, il est probable qu'en la faisant sentir même au gou-
« vernement anglais, il ordonnera ou la traite, ou la fabrication
« de ces espèces dans les provinces qu'occuperont les troupes du

« Roi, pour éviter les vexations, les pillages, qui résulteraient né-
« cessairement de l'impossibilité de se procurer des denrées pour
« de l'argent.

« Quand même ces propositions seraient refusées, quand il se-
« rait de la politique du ministère anglais de sacrifier le pays
« occupé par l'armée pour exciter le reste contre la nation, ses
« efforts pour prévenir tout excès feraient sa protestation.

« Les sauvegardes pour les châteaux et les parcs sont ce qui
« conciliera le plus les esprits des premiers ordres, par l'extrême
« passion qu'ils ont pour leurs campagnes. »

Certes on ne peut traiter un pays conquis, bien que l'on ne professe pas cependant pour ses habitants beaucoup d'intérêt ni d'estime, avec plus de douceur et de modération. Cet acte porte bien le cachet de notre France du xviiie siècle. Tout en regardant la guerre comme une nécessité, elle y porte les sentiments qui caractérisent une société imbue de principes philosophiques de l'ordre le plus élevé, et professant avant tout un grand respect pour les droits de l'humanité. Rien ne fait mieux comprendre ce que l'on pouvait attendre à cette époque de la nation française, si elle eût été mieux dirigée. Peu disposée, par sa nature et les traditions de la race à laquelle elle appartient, à ce que nos voisins préconisent sous le nom de *self government*, elle aime à rencontrer, chez ceux qui la conduisent, l'intelligence, la volonté et l'esprit d'initiative. Que l'on suppose, à la place d'un prince sujet aux défaillances propres à deux dynasties qui finissent, un homme possédant l'énergie qui appartient aux fondateurs des dynasties qui commencent, et l'expédition projetée obtenait un succès complet, et le génie de l'Angleterre reculait étonné devant celui de la France.

Cette descente était une merveilleuse diversion faite aux opérations de la guerre d'Amérique. Obligée d'opposer des forces navales considérables à la jeune démocratie que défendaient Washington, Rochambeau et La Fayette, l'Angleterre ne pouvait consacrer à la défense de ses côtes qu'un nombre de vaisseaux insuffisant. Mais là-bas, comme dans la Manche, on attendait des ordres formels et l'on ne recevait que des instructions vagues et contradictoires. Après tout, et en dépit des fautes et des maladresses commises, la campagne ouverte en 1778, et terminée par le traité de paix de 1783, fut pour la France honorable et glorieuse. L'Angleterre était vaincue puisqu'elle avait été forcée de reconnaître l'indépendance de l'Amérique, dont la seule pensée avait fait mourir le plus Anglais de tous ses ministres, l'illustre lord Chatam.

Cette guerre de 1779, c'est la courte conclusion que je vous demanderai, Messieurs, la permission de tirer de cette lecture, avait donné aux deux pays un grand enseignement. La France avait appris qu'elle lutterait avec avantage, même sur mer, contre l'Angleterre, toutes les fois qu'elle n'aurait pas, comme dans la désastreuse guerre de Sept ans, à combattre à la fois sur la terre et sur l'Océan. L'Angleterre, par contre, comprit qu'elle ne pourrait résister à sa puissante rivale qu'en cherchant à l'accabler, pour ainsi dire, sous le poids de l'Europe tout entière, dût-elle être elle-même écrasée sous ses ruines! Telle est la base sur laquelle s'est assis l'édifice fragile de sa grandeur démesurée. On conçoit les transes mortelles qu'elle éprouve toutes les fois que la France, en paix avec le reste de l'Europe, s'avise de concentrer des forces militaires sur quelque point de son littoral, au Havre, à Cherbourg, à Saint-Sauveur, à Boulogne. Cela suffit pour apprendre à nos excellents voisins et amis d'outre-Manche jusqu'à quel point ils doivent compter avec la France. Revenue de la folie des conquêtes, elle ne peut désormais avoir d'autre système à leur égard que de les obliger à rentrer tout simplement dans le droit commun, et à ne pas se considérer comme une nation privilégiée, héritière de la superbe devise de Rome :

<blockquote>Tu regere imperio populos, Romane, memento.</blockquote>

Il y a place sous le soleil pour le développement industriel et commercial de toutes les nations de la terre. L'absorption des forces vitales et des richesses du monde au profit d'un peuple unique est contraire à la nature et au droit des gens, dont la

France se glorifie d'avoir toujours pris en main la défense. Le temps des monarchies universelles est passé, et l'Angleterre n'aura pas plus le sceptre du monde que le trident de Neptune.

Mais, pour n'être pas unique, l'influence de ce pays, si grand par l'intelligence, et qu'il nous est plus facile d'admirer que d'aimer, ne sera ni moins honorable ni moins glorieux. L'Angleterre aura toujours pour elle cet esprit tenace et persévérant, cette ardeur aventureuse, ce besoin d'expansion qui distinguent la race saxonne, tandis que la France, continuant à se préoccuper (que ce soit son éternel honneur!) des intérêts généraux de l'humanité, se mettra de plus en plus en mesure de pouvoir dire à l'ambition qui tenterait de franchir les limites de la justice et du droit : Tu n'iras pas plus loin!

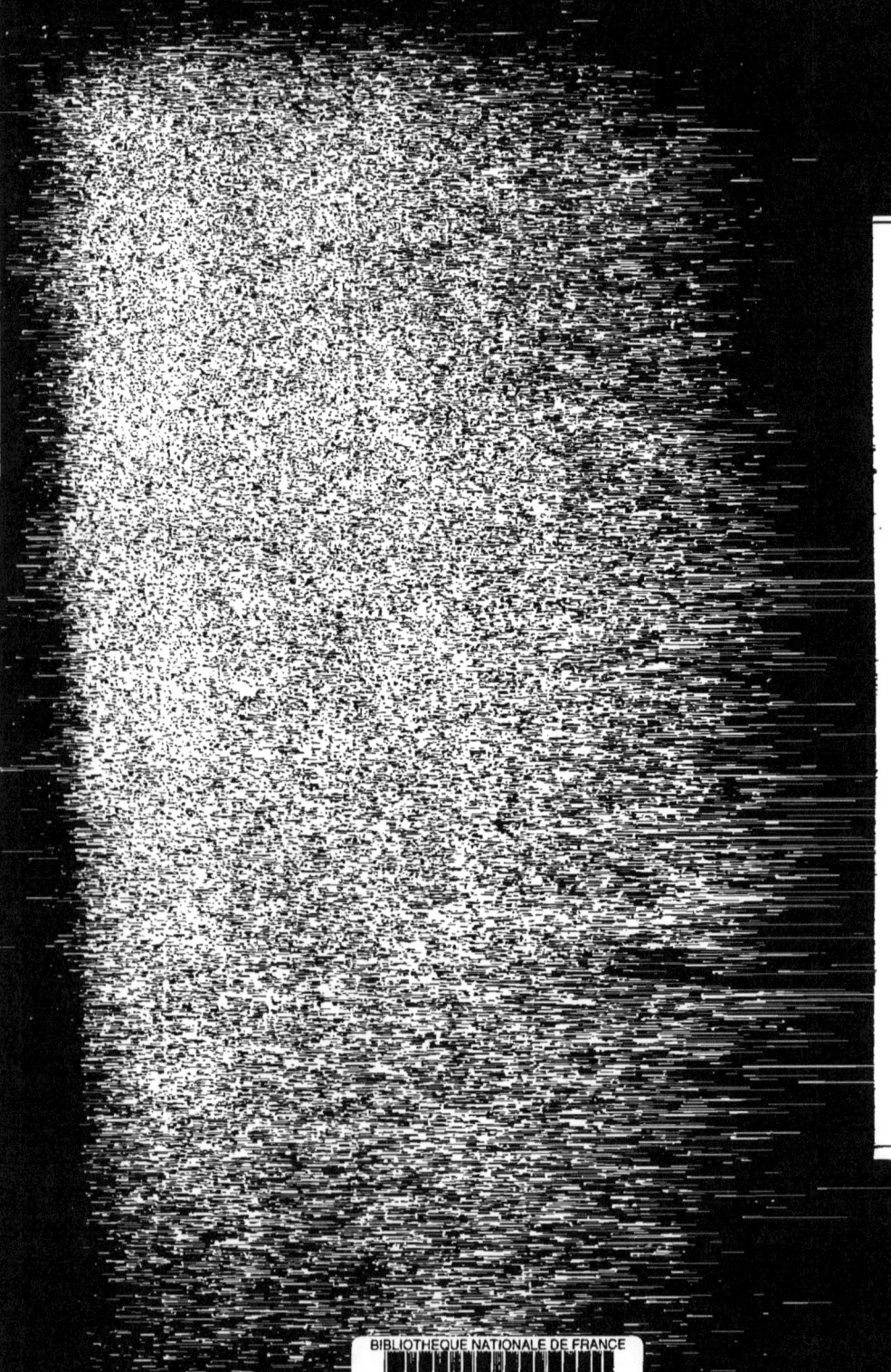

www.ingramcontent.com/pod-product-compliance
Lightning Source LLC
Chambersburg PA
CBHW060903050426
42453CB00010B/1547